VIE

DE SAINTE REYNELDE

PERMIS D'IMPRIMER.

Arras, le 28 juin 1862.

LEQUETTE, *vic.-gén*.

VIE
DE
SAINTE REYNELDE

VIERGE ET MARTYRE

DOUAI
Impr. DECHRISTÉ, rues du Four et Jean-de-Bologne
— 1862 —

VIE
DE
SAINTE REYNELDE

VIERGE ET MARTYRE

Saintes, village situé sur la route de Hal à Enghien, a reçu de Dieu la gloire insigne d'être dépositaire des reliques de sainte Reynelde, communément appelée sainte Ernelle ou Renelle.

Le bourg d'Oisy, au diocèse d'Arras,

où la bienheureuse est honorée de temps immémorial, a eu aussi, depuis peu, l'avantage de recevoir une parcelle de ses reliques.

Nous dirons dans cette notice :

1º. QUELLE FUT SAINTE REYNELDE ;

2º. QUEL FUT SON CULTE DANS LES TEMPS ANCIENS ;

3º. QUEL IL EST ENCORE DE NOS JOURS.

I.

La grande sainte Reynelde (c'est ainsi qu'on la nomme dans les villages du Hainaut et du Brabant où son culte est populaire), naquit à Condé-sur-l'Escaut. Son père, le comte Witger, leude de Lotharingie, sous le roi Pépin, avait rang parmi les princes palatins. Sa mère, sainte Amalberge, princesse du sang royal, était célèbre dans toute la contrée pour sa tendre piété, l'abondance de ses bonnes œuvres et la modestie qui relevait en elle l'éclat de la beauté. Issue de ce haut lignage, sainte Reynelde eut pour frère saint Emebert, qui fut évêque de Cambrai et d'Arras, et, pour sœur, l'illustre sainte Gudule, patronne de Bruxelles.

Les premiers soins de la jeune Reynelde, dès qu'Elle eut assez de raison pour connaître Dieu, et pour se consacrer à son service, furent de s'adonner aux exercices de la plus fervente piété : l'éducation qu'Elle avait reçue de sa mère la détachait tellement de toutes les vanités qui font trop souvent l'occupation des filles de son âge et de sa condition, qu'Elle ne les regardait qu'avec horreur. Elle ne portait des habits précieux qu'à regret, et Elle ne pouvait voir ses suivantes occupées à la vêtir et à lui orner la tête, sans pousser des soupirs.

Adultes, et vivement recherchées en mariage par les princes et les grands seigneurs du voisinage, Reynelde et Gudule sa sœur, résolurent de n'avoir d'autre époux que J.-C., et pour mieux caractériser cette chaste résolution, Elles vinrent demander le voile à saint Aubert, qui l'avait déjà donné à sainte Waudru, à sainte Aldegonde, à sainte Gertrude, à sainte Amalberge, et à tant d'autres illustres chrétiennes de ce siècle, qui, en raison du grand nombre de saints qu'il a produits, fut, à bon droit, nommé le siècle saint de la Belgique.

A la faveur de ces engagements sacrés, la grande sainte Reynelde, déjà glorieuse devant Dieu, se dévoua avec une nouvelle ardeur aux œuvres de sanctification qui avaient fait la gloire de sa précoce adolescence. Sa vie devint un jeûne continuel. Marchant les pieds nus, si ce n'est qu'elle en couvrait le dessus par modestie, dédaignant les tissus de soie qui décoraient dans ce temps le lit des nobles et des grands, et leur préférant un lit de cendre recouvert d'un tissu grossier, refusant même d'avoir dans sa chambre des meubles éclatants ou précieux, sainte Reynelde, encore jeune, ne montrait d'ardeur que pour avancer dans la vertu. Sa langue ne cessait de bénir Dieu, et, le jour aussi bien que la nuit, Elle n'interrompait jamais, pour ainsi dire, le chant des psaumes, des hymnes et des saints cantiques, à moins que ce ne fût pour vaquer à des entretiens spirituels ou à des œuvres de miséricorde.

Sans cesse occupée des pauvres de J.-C., travaillant de ses propres mains, pour les nourrir et les vêtir, s'ôtant le pain de la bouche pour le leur donner, bien plus assidue à visiter leurs humides chaumières que les châteaux du voisinage, tantôt sainte Reynelde remplissait avec une activité merveilleuse l'office de *Marthe*, tantôt revêtue, sur sa chair même, d'un rude cilice, imprimant par la mortification, sur son corps délicat, la croix du Seigneur, comme une autre *Marie* assise aux pieds du Sauveur, on voyait aisément qu'Elle aussi avait *choisi la meilleure part*; son plus grand bonheur était d'écouter la parole de Dieu; mais outre qu'Elle l'entendait souvent de la bouche des prédicateurs, Elle l'entendait plus souvent encore, au fond de son cœur, de la bouche de J.-C. même, qui l'instruisait comme sa disciple, et lui parlait comme à son Epouse. En effet, son historien nous assure qu'Elle passait quelquefois les nuits et les jours entiers aux pieds de ce Maître céleste, dans une humble attention à sa voix, et dans un goût admirable de ses divines douceurs.

Ainsi préparée par la prière, la pénitence et les bonnes œuvres, volontairement dépouillée de la plus grande partie de ses biens dont Elle venait de faire hommage à Dieu et à saint Pierre dans le monastère de Lobbes, la Sainte entreprit le pélerinage de Palestine, sans autre compagnie qu'une simple servante, et un valet qui la suivait. Elle passa deux années entières à Jérusalem, visitant continuellement les lieux que Notre Seigneur a sanctifiés par sa présence et arrosés de son sang : ce qu'Elle faisait avec tant d'onction, qu'il semblait qu'Elle l'eût présent devant les yeux. Cependant le souvenir des douleurs de son Epoux animant continuellement son amour, Elle ne pouvait s'empêcher, de son côté, de lui donner du sang, par les rigueurs qu'Elle exerçait contre son corps. Les consolations divines la nourrissaient intérieurement : elle oubliait presque le boire et le manger; et sa vie était si céleste qu'il semblait qu'Elle ne fût plus sujette aux infirmités de la chair. Dans ces pieuses dispositions, Reynelde consacra environ sept ans à visiter tous les pieux sanctuaires dont abonde la terre sainte. Tour-à-tour Elle s'arrêtait à la grotte de Bethléem où Jésus vint au monde, à Cana de Galilée où il fit son premier miracle, à Nazareth où il vécut pendant trente ans, à Capharnaüm où il prêcha si longtemps et opéra tant de miracles; mais Elle revenait toujours à Jérusalem et ses environs si remplis de douloureux et consolants souvenirs. Oh! quels sentiments de consolation remplissaient son âme quand Elle pouvait se dire : Ici Jésus ressuscita Lazare ; par cette route il entra à Jérusalem le dimanche des Rameaux ; sur ce terrain était le temple où il prêcha tant de fois ; dans cette maison il fit la dernière cène ; dans ce jardin il sua du sang et de l'eau ; dans ce palais demeurait Anne, qui paya à Judas le prix de sa trahison ; dans cet autre, mon Jésus comparut devant Caïphe, fut renié par saint Pierre et couvert de crachats ; là habitait Hérode, qui se joua de mon Dieu ; ici résidait Pilate, qui le fit flageller, le laissa couronner d'épines et le condamna à mort ; par cette voie on le conduisit au calvaire, où, entre sa Mère et saint Jean, il remit son âme entre les mains de son Père ; sur cette pierre on plaça son corps après sa mort ; de ce tombeau il sortit glorieux ; et enfin, au haut de cette montagne, je vois la dernière trace de son pied quand il monta au ciel, pour aller m'y préparer une place! Qui dira les larmes dont sainte Reynelde arrosa les lieux qui rappelaient de si grands et de si tendres souvenirs ?

En allant et en retournant, sainte Reynelde visita plusieurs autres pélerinages et lieux de dévotion ; puis elle reprit le chemin de France et vint se fixer à Saintes en Hainaut, où les habitants la reçurent avec une joie et un respect extraordinaires. Son pieux voyage avait duré sept ans. Ses anciens serviteurs et les pauvres surtout lui donnèrent les témoignages d'amour les plus touchants. Elle, de son côté, se fit un bonheur de montrer à tout le monde les trésors inappréciables qu'Elle avait rassemblés sur sa route. C'étaient un morceau dn tombeau du Sauveur, un éclat du bois de la vraie Croix, une partie de la robe de la bienheureuse Vierge Marie, et beaucoup d'autres saintes reliques.

Reynelde passa le reste de sa vie dans une retraite complète : s'élevant au-dessus de tout ce qui est humain et terrestre, Elle était tout entière à son Dieu et comme dans une extase perpétuelle. Elle eût voulu être ignorée de tous les hommes ; mais Dieu, qui se plait à glorifier les humbles, fit éclater sa sainteté par un grand nombre de prodiges. Elle fit des miracles et rendit la santé d'une manière surnaturelle à quantité de malades.

Dieu lui réservait une gloire bien plus grande encore, celle du martyre. Il voulut qu'Elle joignît cette couronne à celles que sa pureté, son abstinence et sa pauvreté volontaire lui avaient déjà méritées. Cette gloire lui échut en partage, vers la fin du septième siècle.

En ce temps-là, pour châtier les crimes de son peuple, et en même temps pour séparer les élus des réprouvés, Dieu permit aux Huns, barbares ennemis du nom chrétien, d'envahir une partie des Pays-Bas. Ils s'y répandirent comme un flot dévastateur, semant partout l'incendie, le meurtre et le carnage. A la vue de ces ravages, les habitants glacés d'effroi se retiraient dans des cavernes et au sein des forêts profondes. Les châtelains et les puissants couraient chercher un asile dans les villes fortifiées. Sainte Reynelde, sans se laisser ébranler ni par la pers….. d'une mort imminente, ni par l….. des siens, résolut de ne point a….. la cellule où Elle avait promis d. finir ses jours. « Que dirait de moi, répondait-elle, » à ceux qui la pressaient de fuir, que » dirait de moi mon divin Maître mort » pour mon salut et le salut de tous les » hommes, si je prenais la fuite et évitais » ainsi de mourir pour son amour ? Il

» vaut mieux mourir pour sa gloire et
» pour la confession de son Nom, que de
» prendre honteusement la fuite pour
» éviter l'honneur du martyre. »
 C'est ainsi que la grande sainte Reynelde, cette généreuse athlète du Christ, s'animait au martyre. Bientôt, accompagnée d'un clerc nommé Grimoald et d'un servant nommé Gondulphe, Elle court à l'église, et là, prosternée devant l'autel du martyr saint Quentin, les bras étendus en forme de croix, Elle attend les bourreaux qui ne tardent pas à faire irruption dans le lieu saint. Pareils à des bêtes fauves qu'anime la soif du sang humain, les farouches sicaires se précipitent sur la servante du Christ; ils la saisissent par les cheveux, la traînent de côté et d'autre, déchirent à coups de fouet son corps délicat, au milieu des injures, des outrages et des sarcasmes les plus impies. Et Elle, avec les accents d'une joie surhumaine :
« O mon Dieu, s'écrie-t-elle, Père de Notre
» Seigneur Jésus-Christ, vous êtes béni
» de ce que vous m'avez donné, à moi,

» pécheresse, non par mes mérites, mais
» par les mérites de votre divin Fils, ce
» que j'ai toujours désiré depuis mon
» enfance. » Pendant qu'elle prononçait
ces paroles, les bourreaux lui ordonnèrent
d'étendre le cou : Elle le fit en se jetant à
genoux et en disant avec des larmes de
joie : « Je vous rends grâces, ô mon Jésus,
» de ce que vous m'avez bien voulu comp-
» ter au nombre de vos servantes : rece-
» vez mon esprit. » Elle dit ; et un coup
de hache fit tomber sa tête. C'était le seize
juillet.

C'est ainsi que l'illustre servante de
Dieu, la fille des ducs et des rois, con-
somma son martyre et s'endormit dans le
Seigneur avec la palme du triomphe. Grimoald et Gondulphe ne furent pas traités
avec moins d'inhumanité. Les barbares
coupèrent la tête au premier et percèrent
celle du second de trois clous de fer qu'ils
lui enfoncèrent dans le crâne. Associés
au martyre de sainte Reynelde, saint
Grimoald et saint Gondulphe n'ont pas
cessé d'être associés à sa gloire et au culte

qu'on lui rend. Le martyrologe romain place leur fête au seizième jour du mois de juillet et dit : « A Zanthe (à présent on » dit Saintes) en Hainaut, sainte Reynelde, » vierge, et ses compagnons, massacrés » par les barbares pour la foi de Jésus-» Christ. » Ainsi ces trois victimes furent immolées ensemble, dans le lieu même où elles avaient si souvent assisté à l'immolation non sanglante de l'Agneau, qui a été une fois immolé pour le salut de tous les hommes.

Cependant le sang des victimes n'était pas encore refroidi que la main de Dieu apparut pour les glorifier. Les barbares voulaient couronner leurs exploits en mettant le feu à l'église et en ensevelissant dans ses cendres la mémoire des martyrs; mais Dieu, qui réservait des honneurs séculaires à leurs ossements, empêcha l'incendie. Le feu s'éteignait à mesure qu'ils essayaient de l'allumer. Ils furent contraints de se retirer effrayés et confus. Un paralytique avait cessé de marcher depuis sept ans; poussé par un secret avertissement d'en haut, il se fait transporter au tombeau de sainte Reynelde, et il se retire complètement guéri. Des malades en grand nombre, entendant parler des miracles qui s'y font, accourent de loin et de près, au tombeau de la thaumaturge et s'en retournent guéris, louant Dieu et Reynelde sa glorieuse martyre. On ne voyait, sur tous les chemins d'alentour, que des aveugles heureux d'ouvrir les yeux à la lumière, ou des boîteux s'applaudissant d'avoir recouvré l'usage de leurs membres. De nombreux *ex-voto* appendus aux murailles du lieu saint, des yeux, des pieds, des mains et d'autres membres en cire attestèrent les merveilles qui s'étaient opérées au tombeau de la Grande Sainte jusqu'au jour où, en punition des péchés de son peuple, au neuvième siècle, Dieu permit qu'un violent incendie vînt détruire cette église qu'avait respectée, deux siècles plus tôt, le feu allumé par les barbares.

Au même siècle, et sans doute à la suite de cet incendie, les reliques de sainte Reynelde furent levées de terre en présence de trois Evêques, et déposées avec beaucoup de solennité dans une châsse d'argent. Les augustes reliques furent dans la suite visitées successivement et reconnues par plusieurs Evêques de Cambrai, et dans ces derniers temps, au nom de Jean de Roquelaure, archevêque de Malines, par le doyen Fransman, accompagné de deux médecins qui en dressèrent un nouvel inventaire, en présence de vingt prêtres rassemblés pour avoir la consolation de contempler ces glorieux ossements.

II.

Quel fut le culte de la Grande Sainte Reynelde dans les temps plus reculés ?

Le culte de sainte Reynelde a été de tout temps en honneur dans la Gaule-Belgique, et surtout dans le village de *Saintes* en Hainaut, entre Enghien et la petite ville de Hal, si célèbre par son image miraculeuse de Notre-Dame. On l'invoque particulièrement contre l'apoplexie, la paralysie, le mal d'yeux, les ulcères et les maladies cutanées des petits

enfants, etc. Pour cet effet, on emploie surtout avec succès l'eau d'une fontaine distante de l'église de *Saintes* d'environ un kilomètre, et qui porte aussi le nom de puits de *Sainte Reynelde*. Il est probable que sainte Reynelde y puisait l'eau dont Elle avait besoin. Le cardinal-archevêque de Malines en a renouvelé solennellement la bénédiction le 1er septembre 1861. Dieu a souvent récompensé par des guérisons extraordinaires la foi et la piété des infirmes et des malades qui venaient puiser de cette eau, ou à qui on en portait. Ici nous laissons parler le docte Père du Sollier, dans son savant commentaire sur la vie de sainte Reynelde : « Jaloux, dit-il, de me renseigner
» plus complètement sur tout ce qui con-
» cerne le culte et la vie de la grande
» Sainte, j'écrivis au R. P. Arnold Vanden
» Eynden, recteur de notre collége de
» Hal, lequel après plusieurs excursions
» sur les lieux, a daigné me transmettre
» des détails intéressants sur le culte par-
» ticulier dont la Sainte est l'objet et

» sur les faveurs quotidiennes qu'on ne
» cesse d'obtenir par son intercession. Il
» affirme qu'il s'y fait chaque année des
» miracles nombreux ; des maladies de
» tout genre sont guéries par l'interces-
» sion de sainte Reynelde, et plus par-
» ticulièrement les ulcères invétérés,
» les blessures et autres infirmités de ce
» genre, pour lesquels on se sert avec un
» merveilleux succès de l'eau d'une cé-
» lèbre fontaine appelée puits de sainte
» Reynelde. Il ajoute que l'usage de cette
» eau est fréquent à Hal, dans le voisinage
» et même dans des lieux lointains où
» on la transporte, et que le succès vient
» souvent justifier l'espérance des peu-
» ples, comme l'attestent des preuves
» récentes et sans nombre. » *(Acta sanc-
torum Belgii,* tome IV.)

Le savant commentateur raconte ensuite la piété et la confiance des peuples en la grande sainte Reynelde, le concours des pélerins près de la châsse qui récèle ses reliques, décrit cette châsse elle-même et l'appareil religieux au milieu duquel elle est solennellement portée chaque année comme en triomphe à travers les populations rassemblées de tous côtés sur son passage. Nulle part on ne trouverait une semblable affluence, des démonstrations plus pieuses, un enthousiasme religieux plus soutenu.

III.

Quel est encore de nos jours le culte de sainte Reynelde ?

D'après des témoignages, dont il est impossible de contester la valeur, le concours journalier qui se fait aux reliques de la Sainte et à sa Fontaine, est loin de diminuer. On y vient comme toujours de toutes les parties de la Belgique et de la France même. Le jour de la fête surtout, le 16 juillet, on aperçoit des multitudes de pélerins qui arrivent de tous les villages voisins. Les travaux sont suspendus, et le nom de la *Grande Sainte* vole de bouche en bouche.

La fête de la sainte Trinité attire encore toujours comme autrefois un concours immense de pélerins. Ce jour-là on fait une procession solennelle dans laquelle les reliques de la Vierge martyrisée à *Saintes* sont portées triomphalement sur un char d'honneur. L'étendard de *sainte Reynelde* est déployé. Cinquante à soixante cavaliers l'entourent, faisant de temps à autre des décharges de mousqueterie. On parcourt ainsi sept ou huit villages aux alentours, et le prêtre qui accompagne les Saintes Reliques les donne à baiser à plus de dix mille personnes qu'il rencontre échelonnées le long de cette marche triomphale. Sortie le matin du lieu saint, au son des cloches, de la musique et du canon, la sainte châsse y rentre avec le même appareil vers deux heures après midi au milieu des flots du peuple qui ne se lasse jamais de contempler le triomphe de sa grande Patronne.

Du reste, ce n'est pas seulement dans le lieu où Elle a vécu et où Elle a été martyrisée, que le culte de sainte Reynelde est connu. Il est aussi particulièrement en vigueur dans la petite ville de Huy, entre Liège et Namur, et à Oisy, diocèse d'Arras, où de nombreux pèlerins viennent incessamment réclamer son assistance pour les maladies cutanées des enfants qu'on appelle aussi vulgairement *mal de sainte Reynelde*. On possède depuis peu, dans cette dernière paroisse, une parcelle des reliques de la Grande Sainte, et cet avantage ne pourra qu'augmenter le concours déjà si remarquable des pèlerins qui y viennent de toute la contrée. Enfin sainte Reynelde est aussi particulièrement honorée à Condé où elle a pris naissance. Là on désigne encore, dit un très-respectable témoin, l'endroit où existait le château qu'habitait *la Princesse*. De toute part on vient l'invoquer devant sa statue placée dans l'église, et les pèlerins vont tous puiser au puits de sainte Reynelde une eau qui a opéré souvent aussi, dit-on, des guérisons remarquables. L'église de Condé possède un très-ancien reliquaire sur lequel on lit l'invocation suivante : « Sainte Reynelde, native de » Condé, priez pour nous. »

Voici, du reste, comment se pratique le pélerinage au village de *Saintes*, où le culte de l'illustre Vierge martyre est en vigueur depuis dix siècles.

Généralement on est au nombre de trois, peut-être au nom de la sainte Trinité, plus probablement parce que les martyrs sont au nombre de trois. On fait trois fois le tour de l'église en priant. Communément les pélerins ont le chapelet à la main. On vient ensuite prier devant la sainte châsse, puis on va baiser ses reliques qui sont présentées à la vénération des fidèles souvent par des prêtres, quelquefois par les mains d'un offrandier ou serviteur de l'église spécialement délégué pour cette fonction. En baisant les reliques on dépose son offrande. Beaucoup de pélerins en déposent une autre dans le petit tronc placé en face de la châsse.

C'est aussi *l'offrandier* qui est chargé de procurer aux fidèles des médailles ou des images de sainte Reynelde, sa vie, des litanies composées en son honneur, des cierges et autres objets de piété. Les pèlerins n'oublient pas d'emporter de l'eau de *sainte Reynelde* qu'ils sont allés puiser eux-mêmes à son puits, ou qui leur a été procurée par l'offrandier.

Voilà ce que nous avons pu recueillir sur la généalogie, les actes et le culte de la *grande sainte Reynelde*, vierge et martyre. Que nous reste-t-il à désirer en terminant cette trop courte notice, sinon qu'aidés par les mérites de Celle dont nous décrivons la vie et dont nous admirons les vertus, nous ayons le bonheur de partager sa gloire par la grâce de N. S. J.-C. à qui soit honneur, empire et puissance, avec le Père et le Saint-Esprit, aux siècles des siècles. Amen.

Oisy, en la fête de saint Barnabé, apôtre, 11 juin 1862.

Imprimerie DECHRISTÉ, à Douai.

www.ingramcontent.com/pod-product-compliance
Lightning Source LLC
Chambersburg PA
CBHW060918050426
42453CB00010B/1794